책 제목

인류의 지식과 함께한
책 이야기

소피 보르데-페티용 글
노엘리아 디아즈 이글레시아스 그림
밀루 옮김

글 작가와
그림 작가 이름

번역가 이름

개암나무

책은 여러 장의 종이를 인쇄해서 제본*한 다음 표지를 씌운 걸 말해요.
책은 크거나 작을 수도, 두껍거나 얇을 수도, 휘어지거나 단단할 수도 있어요.
이 책처럼 그림이 있을 수도 있고, 없을 수도 있지요.
언어에 따라 읽는 방향이 다르기도 해요.
한 장, 한 장 넘기며 정신없이 책을 읽다 보면 나 혼자 남아 있어요.
책은 우리를 위로하고, 즐겁게 하고, 호기심도 자극하고,
상상의 날개를 달아 줘요. 때로는 우리를 뒤흔들기도 해요.
우리는 책을 들고 다니고, 선물하고, 빌리고, 바꿔 봐요.
책에 관한 이야기도 나누지요.

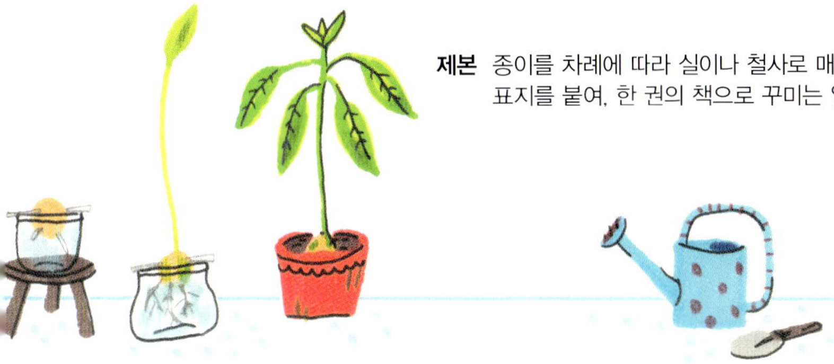

제본 종이를 차례에 따라 실이나 철사로 매고 표지를 붙여, 한 권의 책으로 꾸미는 일.

수천 년 전부터 이야기는 입에서 입으로 전해졌어요.
책의 역사는 5,000년 전 중앙아시아에서 생겨난 문자와 관련이 있어요.
그때는 점토로 만든 판에 갈대로 글씨를 새겼지요.

이집트의 서기*들은 무겁고 잘 부서지는 흙판보다
파피루스를 좋아했어요.
파피루스는 풀 줄기를 평평하게 펴서 만든 종이예요.
가볍고 부드러워서 돌돌 말리고,
가지고 다니기도 편했지요.

서기 단체나 회의에서 문서나 기록을 담당하는 사람.

같은 시기, 중국에서는 자작나무 껍질, 종려나무 잎,
대나무 조각(죽간), 비단 두루마리에까지 글씨를 썼어요.

시간이 한참 흘러, 로마와 아테네에서는
나무판자에 밀랍*을 발라 끈으로 엮은 뒤
철필*로 글씨를 썼어요.
다 합치면 아주 무거웠지요.

밀랍 벌집을 만들기 위하여 꿀벌이 내뿜는 물질.
철필 끝이 뾰족한 쇠붙이로 만든 붓.

시간이 지나면서 사람들은 파피루스 대신
가죽이나 양피지를 사용했어요.
양·염소·사슴·들소 가죽을 닦고 문지르고 말리면
파피루스보다 단단하면서도 잘 구부러져 접을 수 있었어요.
북아메리카 원주민들은 가죽을 아코디언처럼 접어
그 위에 그림을 그렸어요.
로마인들 역시 양피지를 접어 공책을 만들었어요.
낱장의 양피지를 박음질하고, 가죽이나 나무로 표지를 둘렀지요.
그렇게 코덱스가 탄생했어요!
코덱스는 인쇄하지 않고 사람이 손수 쓴 옛날 책이에요.
넘기면서 볼 수 있지요.

중세 시대 때는 세계 어디에서나 책을 한 권 한 권 직접 만들었어요.
유럽 수도사들은 양피지에 거위 털로 성경을 옮겨 적었지요.
책을 꾸미는 사람들은 그 원고를
금박과 알록달록한 잉크로 꾸몄어요.
제본하는 사람들은 원고에 가죽이나 벨벳,
때로는 보석으로 장식한 황금을 표지에 둘렀지요.
이렇게 만든 책은 매우 비싸 부자들만 읽을 수 있었어요.
동양에서는 어땠을까요? 이라크의 바그다드에는
이슬람 경전인 코란을 베껴 적는 사람이 있었어요.
학자들은 천문학책, 의학책, 수학책을 썼고요.
페르시아의 의사이자 철학자 이븐 시나가 쓴
여러 과학책은 서양에도 전해졌어요.

동양

12세기, 하얗고 얇은 물건이 동양에서 서양으로 전해졌어요.
바로 종이예요.
사람들은 종이에 호기심을 가졌지요.
종이는 2,000년 전, 중국에서 탄생했는데,
주로 식물이나 낡은 헝겊으로 만들었어요.
동양의 다른 나라에는 8세기에, 서양에는 훨씬 나중에 알려졌어요.
그후, 밀을 빻던 방앗간은 헝겊을 찧는 종이 방앗간으로 바뀌었지요.
종이는 양피지보다 만들기 쉽고 제작 비용도 적게 들어 널리 쓰였어요.
7세기, 일본에서는 뽕잎으로 '화지'라는 종이를 만들었지요.
일본의 전통 종이로, 오늘날에도 여전히 사용해요.

1377년, 고려에서 최초로 금속활자를 발명했어요.
이 기술로 〈직지심체요절〉이란 불경을 만들었지요.
1440년 무렵, 독일의 구텐베르크도 금속활자를 생각해 냈어요.
식자공*이 금속활자를 하나하나 조합해서 문장을 만들어요.
그 위에 검은 잉크를 칠하고 종이를 한 장씩 올려 꾹 눌러요.
이 과정을 반복하면 똑같은 책을 여러 권 만들 수 있어요.
인쇄술은 이렇게 생겨났어요!
16세기, 벨기에의 플랑탱 인쇄소는 히브리어, 그리스어, 이탈리아어로 책을 찍어 냈어요.

식자공 활자를 원고대로 맞추어 짜는 사람.

르네상스 시대의 학자들은 라틴어로 학문과 역사에 관한 다양한 논문을 썼어요.
그 책들은 번역되어 베네치아에서 런던으로, 바그다드에서 마드리드로 전해졌지요.
호기심 많은 사람은 책에서 영감을 얻어요.
18세기, 프랑스의 사상가 디드로와 달랑베르는 보편적인 지식을
그림과 함께 설명하는 〈백과전서〉를 세상에 내놓았어요.
백과전서는 무려 17권이에요. 쪽수를 다 합치면 18,000쪽이나 되지요!
이 무렵 어린이책도 빛을 보았어요.
런던에 있는 뉴베리 출판사가 동화, 각종 입문서,
소설 등을 출간했거든요.

19세기, 유럽에는 학교가 점점 늘어났어요.
더 많은 사람이 글을 읽게 되었지요.
그만큼 책도 더 필요했어요.
그래서 윤전기와 롤러 인쇄기가 개발되었어요.
큼직한 종이 굴림대에서
글자를 빠르게 인쇄하고, 색을 입혔어요..
삼원색(노랑, 파랑, 빨강)과 검은색을 조합해
다양한 색을 찍어 냈지요.
사전, 교과서, 요리책은 물론이고, 판화나 그림,
사진이 실린 여행책까지 만들었어요.
만화책과 탐정 소설도 이때쯤 등장했지요.

윤전기 원통형의 판면과 이와 접촉하면서 회전하는 원통 사이에 인쇄용지를 끼워 인쇄하는 인쇄기.

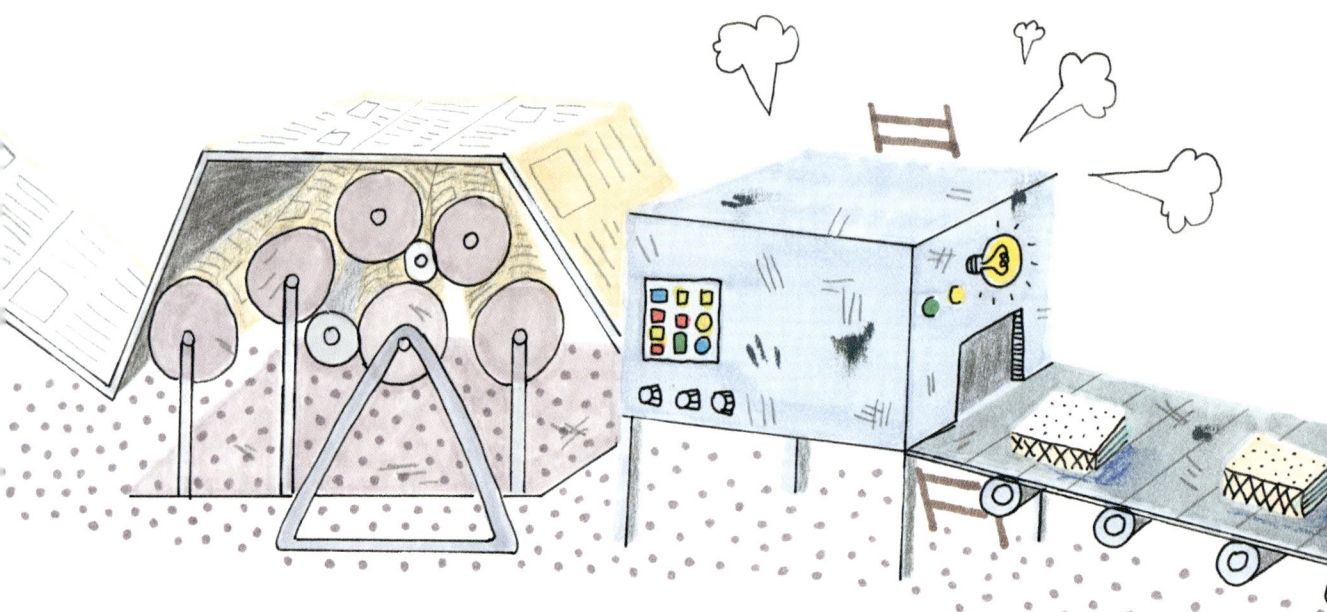

20세기에는 반양장본 책을 제작했어요.
판지처럼 두껍고 단단한 양장본보다 표지가 더 얇고 잘 휘어졌어요.
책의 낱장을 실로 꿰매지 않고, 접착제로 붙이거나 모아서 꿰맸고요.
반짝반짝 코팅한 표지, 은박 또는 금박을 입힌 표지, 플라스틱이나 천 재질의 책,
팝업(pop-up) 책, 페이퍼 커팅 아트 책, 점자책, 음악이 나오는 책 등등
뭐든지 인쇄할 수 있었어요. 독창성에는 한계가 없으니까요!
크기가 작은 문고본은 대성공을 거두었어요.
가볍고 저렴해서 사람들이 여기저기로 들고 다녔지요.
책은 다양한 언어로 번역되어 그 어느 때보다 활발하게
이 나라 저 나라를 여행하게 되었어요.

책은 어떤 과정을 거쳐 출간될까요?
우선, 아이디어, 작가, 출판사가 있어야 해요.

출판사는 책의 크기(판형)를 결정하고,
종이를 고르고, 인쇄 품질을 살펴요.
배급처는 책을 서점에 보내고,
서점은 책을 팔아요.
독자에겐 무척 기쁜 일이지요!

출판사는 오케스트라의 지휘자처럼
글 작가, 그림 작가, 오류를 잡아내는 편집자,
책을 알맞게 배열*해 인쇄에 넘기는 디자이너의
작업을 총감독해요.

배열 책, 신문, 잡지 등에서 글이나 그림을 효과적으로 정리하고
배치하는 일.

몇몇 국가는 책값이 정해져 있어요.
모두가 책을 살 수 있는 건 아니에요.
세상의 모든 책을 살 수도 없고요!
그럴 땐 도서관에서 책을 빌려 읽어요.
어떤 도서관은 버스, 자전거, 배, 심지어 당나귀를 타고 독자를 만나러 가요.
헌책방에서는 중고 도서를 새 책보다 저렴하게 팔지요.

20세기 말부터는 정보 기술과 인터넷이 발달해
화면으로도 책을 읽어요.
세상에는 다양한 언어의 전자책이 있어요.
전자책 단말기, 컴퓨터, 태블릿, 스마트폰 같은 기기에
책을 가득 넣어 두면 언제든 꺼내 읽을 수 있지요!
하지만 전자책은 잉크 냄새도, 종이의 감촉도 없어요.
판형과 소재가 다양하지 않지요.
과연 종이책은 살아남을 수 있을까요?
걱정할 것 없어요. 책은 검열, 화재, 전쟁도 이겨 냈어요.
책의 미래는 아직 밝답니다!